CHARLOTTE MON BÉBÉ LICORNE

Léo
Mon bébé
Hérissonneau

FLAVIE MON BÉBÉ ÉCUREUILLON

charli mon bébé joey

HENRY MON BÉBÉ DINOSAURE

Cyana

Mon bébé
léopardeau

BOBBY
MON BÉBÉ CANETON

Daisy
Mon bébé
Chiot

Stella mon bébé hippopotame

CLOÉ MON BÉBÉ BLANCHON

Minnie mon Bébé souriceau

pauline mon bébé éléphanteau

Gaston mon bébé tortue

RICCO MON BÉBÉ PORCELET

TINA MON BÉBÉ AGNEAU

Gerry
Mon bébé ratonneau

Lilly mon bébé tigreau

ERNEST
MON BÉBÉ GIRAFEAU

Victor mon Bébé lionceau

Charlot

MON BÉBÉ POUSSIN

GUSTAVE

MON BÉBÉ PANDA

FRANCIS MON BÉBÉ PIEUVRE

Suzie mon bébéquet

Tanya
Mon bébé faon

Fanny
Mon bébé zèbreau

Diane mon bébé bufflon

Jacob

MON BÉBÉ RENARDEAU

Collin

mon bébé papillon

DORY

MON BÉBÉ REQUINEAU

Jonas

MON BÉBÉ POISSON

www.ingramcontent.com/pod-product-compliance
Lightning Source LLC
Chambersburg PA
CBHW062316220526
45479CB00004B/1197